Problemas de
RACIOCÍNIO
para o Ensino Fundamental

Dados Internacionais de Catalogação na Publicação (CIP)
(Câmara Brasileira do Livro, SP, Brasil)

Capó Dolz, Miquel
  Problemas de raciocínio para o Ensino Fundamental / Miquel Capó Dolz ; tradução de Guilherme Summa. – Petrópolis, RJ : Vozes, 2017.

  Título original : Problemas de ingenio para Primaria
  Bibliografia.

  5ª reimpressão, 2025.

  ISBN 978-85-326-5582-0

  1. Jogos na educação matemática 2. Matemática – Estudo e ensino 3. Raciocínio I. Título.

17-07562
CDD-372.7

Índices para catálogo sistemático:
1. Jogos : Matemática : Ensino Fundamental   372.7

MIQUEL CAPÓ DOLZ

Problemas de
RACIOCÍNIO
para o Ensino
Fundamental

Tradução de Guilherme Summa

EDITORA
VOZES

Petrópolis

© Miquel Capó Dolz
© 2009, Editorial CCS, Alcalá, 166 / 28028 Madrid

Tradução do original em espanhol intitulado
Problemas de ingenio para Primaria

Direitos de publicação em língua portuguesa – Brasil:
2017, Editora Vozes Ltda.
Rua Frei Luís, 100
25689-900 Petrópolis, RJ
www.vozes.com.br
Brasil

Todos os direitos reservados. Nenhuma parte desta obra poderá ser reproduzida
ou transmitida por qualquer forma e/ou quaisquer meios (eletrônico ou mecânico,
incluindo fotocópia e gravação) ou arquivada em qualquer sistema ou
banco de dados sem permissão escrita da editora.

CONSELHO EDITORIAL

Diretor
Volney J. Berkenbrock

Editores
Aline dos Santos Carneiro
Edrian Josué Pasini
Marilac Loraine Oleniki
Welder Lancieri Marchini

Conselheiros
Elói Dionísio Piva
Francisco Morás
Teobaldo Heidemann
Thiago Alexandre Hayakawa

Secretário executivo
Leonardo A.R.T. dos Santos

PRODUÇÃO EDITORIAL

Anna Catharina Miranda
Eric Parrot
Jailson Scota
Marcelo Telles
Mirela de Oliveira
Natália França
Priscilla A.F. Alves
Rafael de Oliveira
Samuel Rezende
Verônica M. Guedes

Editoração: Fernando Sergio Olivetti da Rocha
Diagramação: Sheilandre Desenv. Gráfico
Revisão gráfica: Nilton Braz da Rocha
Capa: SGDesign

ISBN 978-85-326-5582-0 (Brasil)
ISBN 978-84-9842-301-3 (Espanha)

Este livro foi composto e impresso pela Editora Vozes Ltda.

Sumário

Introdução, 7

1 Enunciados, 9

1.1 Problemas geométricos, 11

1.2 Problemas aritméticos, lógicos e de raciocínio, 35

1.3 Uma amostra de problemas de pensamento lateral, 65

2 Soluções, 73

2.1 Problemas geométricos, 75

2.2 Problemas aritméticos, lógicos e de raciocínio, 93

2.3 Uma amostra de problemas de pensamento lateral, 119

Referências e páginas da web, 124

Introdução

Desde que foram lançados, em 2005, os primeiros livros da coleção (*El país de las mates – 100 problemas de ingenio* e, posteriormente, *Atrévete con las mates, Disfruta con las mates* e *101 juegos de lógica para novatos y expertos*) muitas pessoas têm me pedido um livro na mesma linha dos anteriores para crianças do primário. A verdade é que, devido à minha dedicação profissional no campo do Ensino Médio, sempre foi difícil para mim focar no Ensino Fundamental, por ser um campo pouco explorado e no qual eu não sabia muito bem definir o grau de dificuldade. Finalmente decidi publicar um material destinado a essa faixa etária. Oxalá a espera tenha valido a pena e o livro sirva tanto para professores como para alunos. Espero que os primeiros encontrem nele um compêndio de pretextos para explicar e trabalhar a matemática e o raciocínio, enquanto que os últimos descubram um livro que lhes faça ver que essa ciência pode ser divertida, agradável e, sem dúvida, interessante.

Se você já deu uma folheada no livro, viu que ele está dividido em duas partes: os enunciados e as soluções. Se você for aluno (ou um potencial "solucionador"), peço, por favor, que não consulte as soluções antes de ter resolvido completamente o problema ou de estar totalmente convencido de que não sabe como resolvê-lo. Se você for professor, pai ou educador, peço que não forneça pistas a seus educandos, a menos que perceba que se encontram de fato empacados. Deixe que pensem, que reflitam, que quebrem a cabeça com cada problema. Somente assim você conseguirá infundir-lhes o gosto pela reflexão, o raciocínio e o esforço. Se seguir esse humilde conselho, verá que, quando resolverem um problema, ficarão felizes e radiantes por terem conseguido solucioná-lo por conta própria. Poucas alegrias são comparáveis à satisfação de se ter resolvido sem ajuda um problema desconhecido ou complicado a princípio.

Você também deve ter reparado que há basicamente dois tipos de problemas: os que classifico como geométricos e os que classifico como aritméticos, lógicos e de raciocínio (ainda que todos os problemas sejam de raciocínio). Nos primeiros, o foco é sem dúvida a geometria: você deverá raciocinar no plano e no espaço, e também colocar a mão na massa... Não tenha medo de desenhar, colorir, recortar e colar o que achar necessário, faça-o sem nenhum pudor (não é melhor matemático aquele que resolve mentalmente os problemas, mas sim aquele que melhor utiliza os meios ao seu alcance). O segundo grupo de problemas permite outro tipo de reflexões, estes sim mais cerebrais. Bastarão uma simples folha de papel e um lápis (além da sua mente, é claro) para resolvê-los.

Seja como for, lembre-se de que este livro tem um duplo objetivo: o primeiro é fazê-lo ver que a Matemática e o raciocínio em geral podem ser muito divertidos e, o segundo, acrescentar mais um tijolinho na construção do seu saber (ou, pelo menos, consolidar os conhecimentos já obtidos para que você possa adquirir sobre essa base outros novos que o ajudem a crescer intelectualmente).

Miquel Capó Dolz

1

Enunciados

1.1
Problemas geométricos

☑ 1 Monte as figuras

Utilizando as 10 peças a seguir, monte as figuras que estão pintadas de preto.

Observação: É necessário usar todas as 10 peças brancas para montar cada uma das figuras pretas.

2 Contando quadrados I

Você consegue contar todos os quadrados que aparecem na figura seguinte?

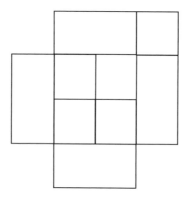

3 De cinco para quatro

Troque dois palitos de lugar na seguinte figura de modo que restem apenas quatro quadrados e nenhum palito solto.

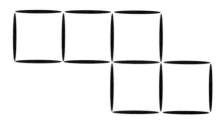

4 Guardando os relógios

Desenhe três quadrados de modo que os nove relógios fiquem separados entre si.

 5 Contando quadrados II

Na figura a seguir estão desenhados dois quadrados que têm seus vértices posicionados sobre pontos no diagrama. Você consegue contar quantos quadrados que, assim como os dois mostrados aqui, têm seus quatro vértices sobre pontos no diagrama?

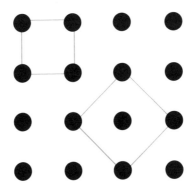

6 O infiltrado I

Dos quatro desenhos que aparecem na figura a seguir, um deles não corresponde aos outros três. Você consegue descobrir qual é?

A   **B**   **C**   **D**

 ## 7 Contando triângulos I

Quantos triângulos, de variados tamanhos, você é capaz de encontrar na figura seguinte?

Observação: Cuidado, há mais de nove!

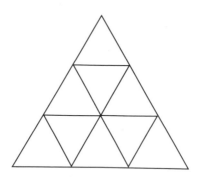

 ## 8 Chuva de estrelas

Você consegue descobrir o número exato de estrelas que aparecem na figura seguinte?

 9 De fileira para círculo

Movendo apenas duas das seis moedas a seguir você consegue formar um círculo?

 10 Cortar e colar I

Recortando as quatro peças que formam o quadrado da esquerda e juntando-as com o quadrado da direita forme um novo quadrado que reúna as cinco peças.

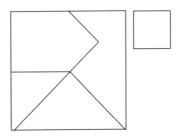

11 Os tetraminós formam um quadrado

Na figura a seguir estão os cinco tetraminós (quatro quadrados unidos por um de seus lados) que existem. Nós os recortamos em cartolina e os juntamos até formar um quadrado. Você consegue nos dizer em que ordem nós os juntamos e onde está localizada cada peça? Comece, por exemplo, pelo tetraminó B, que já aparece integralmente no quadrado.

Observação: Essas peças fazem você se lembrar de algum jogo famoso?

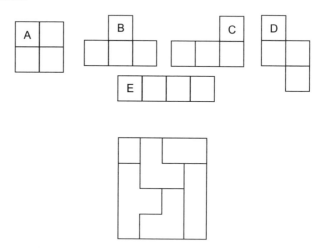

 12 As silhuetas I

Das quatro silhuetas negras que aparecem na figura a seguir somente uma corresponde ao desenho original. Qual é?

Observação: Cuidado, pois as diferenças são sutis.

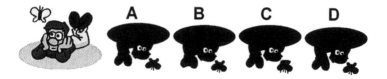

13 Contando palitos

Para executar a seguinte construção foram usados nove palitos. Quantos palitos serão necessários se quisermos construir outra figura com características similares que tenha 100 triângulos?

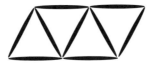

 14 Em duas partes I

Divida o quadro seguinte (sem cortar nenhuma casinha) em duas partes iguais, de modo que contenham o mesmo número de moedas.

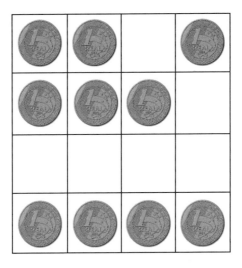

✓ 15 Simétrico

Pinte a quantidade mínima de casinhas necessárias para que a figura a seguir fique simétrica em relação aos três eixos marcados.

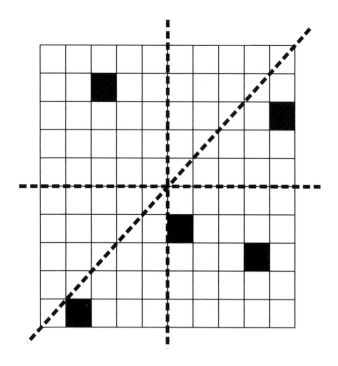

✓ 16 Um par de resta um

A seguir, propomos um jogo de resta um com o qual você poderá desafiar a si mesmo. O jogo consiste em pular uma ficha sobre outra (desde que a casinha na qual a ficha irá cair esteja livre). Toda vez que pularmos uma ficha sobre outra, a que foi saltada desaparece. Só é permitido saltar na horizontal e na vertical, nunca na diagonal. Você é capaz de fazer com que em cada um dos tabuleiros reste apenas uma ficha?

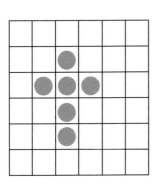 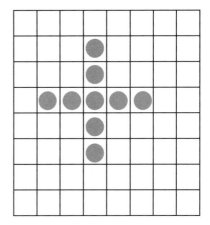

✓ 17 Recorte os quadros

Recorte os quadros de 4 × 4 casinhas em três partes de modo que, unindo o quadro de 3 × 3 casinhas a essas três partes, possamos formar o quadro de 25 casinhas.

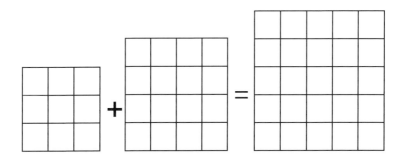

18 Contando triângulos II

Quantos triângulos você consegue encontrar na figura seguinte?

Observação: Visto que há apenas triângulos, vamos lhe dar uma mãozinha: há mais de 40, mas menos de 50.

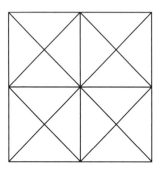

 19 Peças em ordem I

Utilizando todas as seis peças brancas, forme a letra H que aparece a seguir.

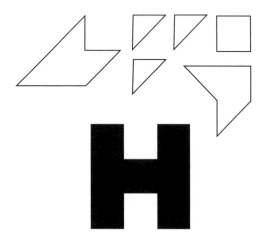

20 O cubo

Observe o cubo da figura. Você deve ter percebido que, por sua vez, ele é formado por cubos menores. Quantos cubinhos exatamente compõem o cubo maior? Quantos dos pequenos aparecem nas faces do cubo grande? E quantos cubinhos não têm nenhuma de suas faces aparecendo no exterior?

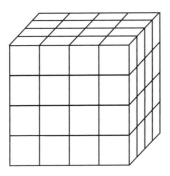

21 Pintando o quadro

É possível colorir de preto algumas casinhas do quadro seguinte, de modo que em cada fileira, em cada coluna e nas duas diagonais haja apenas uma casinha pintada? Se for possível, pinte-o; se não, tente explicar por quê.

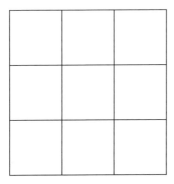

22 Quantos cubos faltam?

Quantos cubos faltam para completar um cubo de 4 × 4 × 4 cubos?

 23 Os relógios

Qual dos quatro relógios não pode ser real? Por quê?

 24 Em busca das botas perdidas

João perdeu um par de botas e pediu ajuda a seu pai, sua mãe e seus dois irmãos para encontrá-las. Enquanto as procuravam, acabaram achando um lápis e um livro. João é quem aparece no centro da figura. Você consegue localizar seu pai, sua mãe, seus dois irmãos, o lápis e o livro – além das botas?

Observação: Desenho de Miquel Capó Caules.

 25 Em partes iguais

Divida a região 2 em duas partes iguais, a 3 em três partes iguais, e assim sucessivamente para cada uma das regiões.

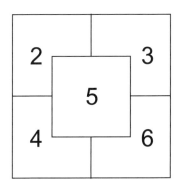

26 Os três dados

Calcule quanto somam todas as faces dos dados que não podem ser vistas na figura.

Observação: Lembre-se de que em qualquer dado as faces opostas somam sempre 7.

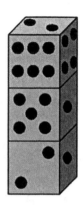

 27 As duas cruzes

Recorte as duas cruzes nos pontos indicados e, com as quatro partes que restarem, tente montar um quadrado.

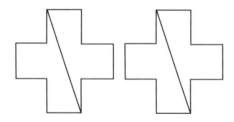

 28 Os tapetes

Observe os tapetes que aparecem na figura a seguir. O primeiro tem 20 quadrados cinzentos e 16 brancos, enquanto que o segundo tem 26 cinzentos e 30 brancos. Você consegue dizer que medida deverá ter um tapete que tenha o mesmo número de quadrados cinzentos e brancos?

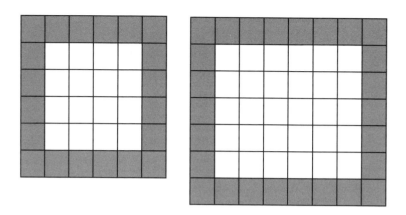

29 Um cubo desmontado

O cubo desmontado da figura a seguir corresponde a dois dos quatro cubos que aparecem na segunda figura. Você saberia dizer quais são eles?

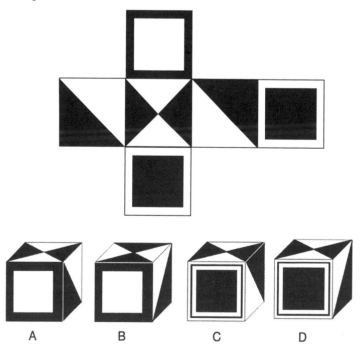

30 As silhuetas II

Das quatro silhuetas negras que aparecem na figura seguinte somente uma corresponde ao desenho original. Qual é?

Observação: Tenha cuidado, as diferenças são sutis.

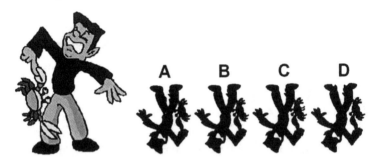

 31 O infiltrado II

Dos quatro desenhos que aparecem na figura a seguir, há um que não corresponde aos outros três. Você consegue descobrir qual dos quatro é?

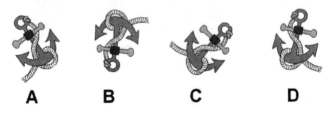

 32 De um só traço

Entre as figuras a seguir, há três que podem ser desenhadas com um só traço, sem levantar o lápis do papel e sem passar duas vezes por cima da mesma linha, e uma que não. Você consegue encontrar a figura que não é possível desenhar sem levantar o lápis do papel?

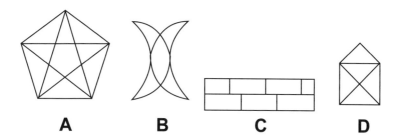

A **B** **C** **D**

 33 Uma frase escondida

Você consegue completar esta célebre frase de um matemático da qual cortamos uma boa parte?

SEMPRE QUE PODER, CONTE

Francis Galton

 34 Qual lado é mais comprido?

Na cartola mostrada a seguir, qual linha é mais comprida: a horizontal ou qualquer uma das duas que estão na vertical?

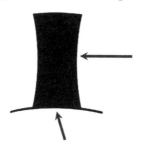

35 Cortar e colar II

Recorte as peças que aparecem na figura a seguir e junte-as de novo, formando um retângulo.

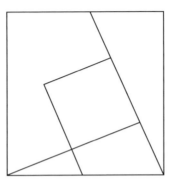

 36 Ladrilhando a cozinha

Temos que ladrilhar de novo nossa cozinha e podemos utilizar apenas os ladrilhos que aparecem na figura (devemos escolher um só tipo de ladrilho, não podemos misturar). Será que qualquer ladrilho serve ou haverá alguns que não poderemos utilizar? Por quê?

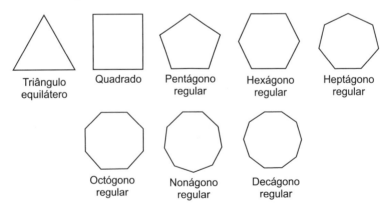

37 Ladrilhando a sala

Aproveitando que estamos metendo a mão na massa, resolvemos também ladrilhar a sala, mas desta vez tentaremos misturar ladrilhos de diferentes formatos (mais de um polígono regular). Por isso, propomos que você desenhe como ficará a sala se utilizarmos:

a) Hexágonos e triângulos equiláteros.
b) Octógonos e quadrados.
c) Triângulos equiláteros e quadrados.
d) Triângulos, quadrados e hexágonos.

 38 Moedas no quadro

Observe a primeira figura. Como você pode ver, distribuímos seis moedas no quadro de modo que três moedas nunca fiquem alinhadas (inclusive na diagonal). Você consegue distribuir oito moedas no segundo quadro produzindo o mesmo resultado do quadro anterior? E 12 moedas no terceiro quadro? Você saberia explicar por que no segundo quadro jamais conseguiremos distribuir nove moedas seguindo o raciocínio apresentado anteriormente?

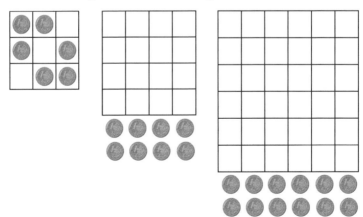

39 De três a cinco

Troque três palitos de lugar para que em vez de três quadrados tenhamos cinco.

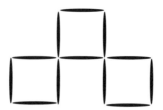

 40 Em duas partes II

Divida o quadro a seguir (sem cortar nenhuma casinha pela metade) em duas partes iguais que contenham o mesmo número de moedas.

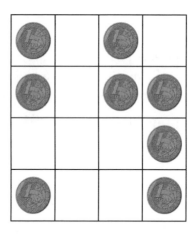

 41 Peças em ordem II

Usando todas as peças brancas, forme as figuras pretas.

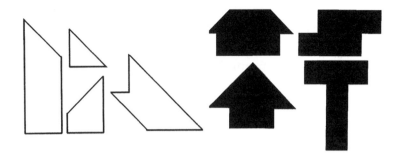

 42 O que há de errado?

Você vê algo estranho na figura seguinte?

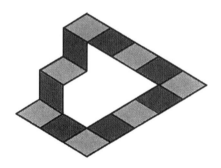

 43 Desmontando o cubo

Aqui está um cubo desmontado. Você saberia dizer quais faces estarão opostas umas às outras quando ele estiver montado?

1	2		
	3	4	5
		6	

44 Completando o dado

Como você sabe, em um dado normal o valor de suas faces opostas soma sempre sete. Complete o seguinte dado para que isso aconteça.

		1	
	2	3	

 45 Quantos?

Quantos rostos você vê na figura seguinte?

Pista: Mova o livro.

Observação: Desenho de Miquel Capó Caules.

46 Mini Tangran

Com as cinco peças que compõem o Mini Tangran (variação mais simples do Tangran de sete peças), tente formar as figuras que apresentamos a seguir.

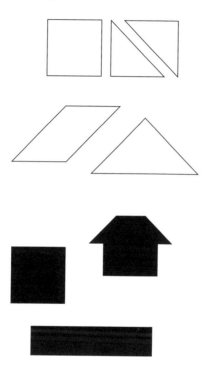

47 Dividindo o quadrado

Você consegue dividir o quadrado seguinte em outros sete quadrados menores?

48 O dominó

Observe o quadrado seguinte que formamos com quatro peças de dominó. Se você fizer o cálculo, verá que a soma dos pontos de cada um dos quatro lados é a mesma (11, no nosso caso). Você conseguiria escolher quatro outras peças que, posicionadas do mesmo modo, formem um quadrado cuja soma dos pontos de cada lado dê o mesmo?

Observação: Há muitas soluções possíveis.

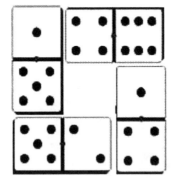

1.2
Problemas aritméticos, lógicos e de raciocínio

 49 Usando os sinais matemáticos necessários

Coloque os sinais matemáticos básicos (+, -, ×, /) e os parênteses necessários para que a seguinte igualdade fique correta:

3   3   9   4   20 = 100

 50 Sequências

Complete as sequências numéricas a seguir com mais um par de números:

a) 1, 3, 5, 7, 9, ...
b) 2, 4, 6, 8, 10, ...
c) 1, 2, 4, 7, 11, 16, ...
d) 1, 3, 7, 13, 21, 31, ...
e) 1, 2, 4, 5, 7, 8, 10, ...
f) 1, 3, 7, 9, 13, 15, 19, ...
g) 1, 1, 2, 3, 5, 8, 13, ...

51 A balança

Temos apenas uma balança de pratos sem os pesos e queremos dividir 120g de açúcar em dois saquinhos de 90 e 30g. Você saberia dizer qual procedimento teríamos que adotar para conseguir fazer essa divisão utilizando o mínimo número de pesagens?

 52 Os quatro números sempre dão 9

Observe como, utilizando quatro algarismos 2, conseguimos obter o número 8: 2 + 2 + 2 + 2. Você é capaz de resolver o que é proposto a seguir usando o mesmo raciocínio?

a) Com quatro algarismos 3 você deve obter o número 9.
b) Com quatro algarismos 4 você deve obter o número 9.
c) Com quatro algarismos 5 você deve obter o número 9.

53 Os triângulos mágicos

Organize os números 1, 2, 3, 4, 5 e 6 nos triângulos seguintes, de modo que a soma dos três lados dê o resultado indicado em seu interior.

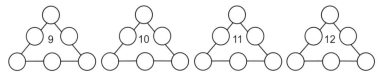

 54 As balas

Tenho um pacote com balas de morango e de menta. Ao todo, tenho 111 balas e há o dobro de balas de morango do que há de menta. Você consegue me dizer quantas balas de cada tipo eu tenho?

 55 Uma família peculiar

Em uma determinada família, cada filho ou filha tem pelo menos um irmão e pelo menos uma irmã. Qual é o número mínimo de filhos e filhas que essa família tem?

56 Apenas um sinal

Coloque um sinal matemático entre os algarismos 5 e 6 de modo que o resultado dê um número maior do que 5, mas menor do que 6.

 57 Três números

Encontre três números positivos diferentes cuja soma coincida com seu produto.

 58 Muitas canetas

O problema a seguir é um clássico. Ele diz:

"No meu estojo tenho algumas canetas. Todas são pretas, menos duas. Todas são vermelhas, menos duas, e todas são verdes, menos duas. Você saberia dizer quantas canetas tenho e de que cor elas são?"

59 Um número de dois algarismos

Um número de dois algarismos tem o algarismo das dezenas menor do que o das unidades. O produto dos dois algarismos é 8 e a soma, 6. Você saberia dizer que número é esse?

 60 Um quadrilátero peculiar

As medidas de um quadrilátero são números naturais consecutivos. Se seu perímetro é de 34cm, quanto medem os quatro lados?

 61 Peras e maçãs

 Três peras e duas maçãs custam R$ 2,10, ao passo que duas peras e três maçãs custam R$ 1,90. Quanto custam uma pera e uma maçã?

 62 Um par de peões

De quantas formas diferentes podemos posicionar um par de peões sobre um tabuleiro de xadrez?

63 No restaurante

 Um restaurante oferece um cardápio que possui três entradas, três pratos principais e quatro sobremesas. Quantas combinações diferentes de pedidos poderíamos montar com o cardápio desse restaurante?

 64 O baralho de cartas

Se tivermos um baralho de 40 cartas, quantas cartas temos que tirar para nos assegurarmos de que há cinco cartas do mesmo naipe?

 65 Muitos animais

Sete avós carregam sete cestas com sete gatas em cada uma. Se cada gata tem sete gatinhos, quantos são, no total, contando avós, cestas, gatas e gatinhos?

66 Uma longa fileira de dinheiro

A localidade valenciana de Benetússer entrou para o *Guinness* ao confeccionar uma linha reta de moedas de 5 centavos de euro. Os jurados puderam comprovar que a fileira media 1.070,76 metros. Você conseguiria calcular quanto dinheiro foi reunido para tal façanha?

 67 O relógio cuco

 Se um relógio cuco demora 30 segundos para soar seis vezes, quanto tempo demorará para soar 12 vezes?

 68 Em ordem alfabética

Imagine que vamos ordenar alfabeticamente os números por extenso, que vão de 1 a 1.000. Qual seria o primeiro número que escreveríamos?

 69 Procurar e achar

Encontre um número que não contenha nem a letra O nem a letra E e nem a letra U.

70 Cortando a tubulação

 Um encanador tem que cortar uma tubulação de 30 metros e diariamente corta um pedaço de 3 metros de comprimento. Quantos dias ele levará para cortar a tubulação em pedaços de 3 metros?

 71 O dobro de balas

Se eu e você temos 15 balas cada um, quantas balas você tem que me dar para que eu fique com o dobro de balas que você tem?

 72 Complete as casinhas

Complete as casinhas que aparecem em branco com algum sinal aritmético das operações básicas de modo que as contas batam.

Observação: Você pode colocar parênteses onde achar necessário, embora não haja casinhas destinadas especificamente para eles.

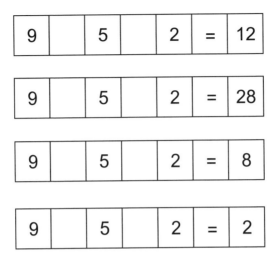

 73 Três é melhor do que quatro

Que vantagem têm as banquetas de 3 pernas que as cadeiras de 4 pernas não têm?

 74 Escrevendo números

Quantos números podem ser escritos com os algarismos 1, 3, 5 e 7, sem que nenhum algarismo se repita? E quantos podem ser escritos repetindo os algarismos?

75 Melões e maçãs

Se um melão vale o triplo de uma maçã, 10 melões e três maçãs valem menos do que:
a) 2 melões e 20 maçãs.
b) 1 melão e 23 maçãs.
c) 4 melões e 10 maçãs.
d) 4 melões e 22 maçãs.

 76 Esportes em sala de aula

Em uma turma de alunos há 13 que jogam basquete, 10 que jogam futebol e 3 que jogam basquete e futebol. Você saberia calcular quantos alunos jogam ou basquete ou futebol?

 77 Completando o quadro

Complete o quadro seguinte de modo que em cada fileira, em cada coluna e nas duas diagonais apareçam os números de 1 a 5.

			2	3
	3			
5				1
		4		
	2			

78 Os números passam pelo círculo

Posicione os números 1, 2, 3, 4, 5 e 6 (sem repetir) na figura seguinte, de modo que a soma dos quatro números que fazem parte de cada círculo seja a mesma em cada círculo.

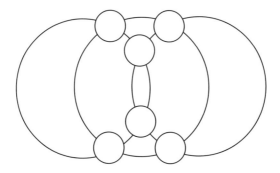

 79 Muitas combinações

Com as letras da palavra CONTA podemos formar muitas palavras (com ou sem significado) como, por exemplo: TANCO, CANTO, TONCA. Você conseguiria calcular exatamente quantas palavras diferentes podemos formar? Quantas dessas palavras começam com C?

 80 Complete a figura

Complete a figura seguinte com os números de 1 a 9 de modo que as contas batam. Para lhe dar uma pista, saiba que nos quadrados você deve colocar apenas números ímpares e nos círculos, números pares.

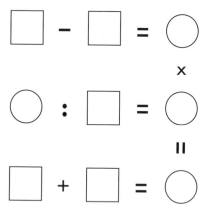

 81 As fatias de pão e a tostadeira

Temos uma tostadeira que suporta no máximo duas fatias de pão. A tostadeira leva 30 segundos para tostar um dos lados de cada fatia. Você saberia dizer o mínimo de tempo que levaríamos para tostar três fatias de pão dos dois lados?

Observação: Atenção, dá para fazer em menos de 3 minutos.

 82 Um problema muito clássico

Uma variação de um problema clássico muito conhecido diz o seguinte: "Certo dia, foram ao mercado dois avôs, três pais, três filhos e dois netos. Compraram quatro melancias e puderam comer uma inteira cada um deles. Como isso é possível?"

83 Uma cruz numérica

Posicione os números de 1 a 9 na cruz numérica seguinte, de modo que não haja dois números consecutivos situados em casinhas vizinhas.

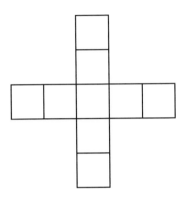

 84 As três amigas

Amália, Maitê e Lúcia têm as três R$ 720. Maitê tem o dobro de dinheiro que tem Amália, e Lúcia, o triplo que tem Amália. Quantos reais cada uma delas tem?

 85 Dois números com produto máximo

Dois números naturais diferentes somam 100 e seu produto é máximo. Você sabe que números são esses?

86 A bandeira

Para pintar a bandeira seguinte e sua cruz dispomos apenas de quatro cores. Você saberia calcular de quantas formas diferentes podemos pintá-la se pudermos repetir as cores?

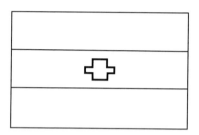

 87 Encadeando operações

Encontre os números que vão nas casinhas para que, depois de realizar as operações indicadas, obtenhamos o resultado final que aparece na figura.

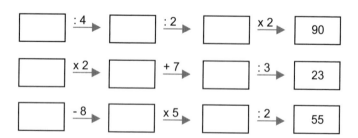

88 Nossa querida formiga

Desde que começamos a propor problemas (*El país de las mates – 100 problemas de ingenio 1*) contamos com a colaboração de uma amiga, uma formiga que passeia por onde quer que indiquemos. Neste caso, ela está passeando dentro de um hexágono regular de 5cm de lado, dando voltas no sentido anti-horário. Se ela começar onde aparece desenhada e percorrer um quilômetro no hexágono, dando voltas nele, onde nós a encontraremos quando esse quilômetro terminar?

5cm

 89 99 do 9 ao 1

Coloque os sinais de + que achar necessário para que a seguinte igualdade fique correta:

$$9\ 8\ 7\ 6\ 5\ 4\ 3\ 2\ 1 = 99$$

Observação: Se necessário, você também pode usar um número de dois algarismos como, por exemplo, 98.

90 O mostrador do relógio I

Divida o relógio seguinte em duas partes, de modo que a soma das horas em cada parte seja a mesma.

 91 Avaria mecânica

Imagine que você está dirigindo o seu carro, passa por cima de um tronco de árvore e uma das rodas sai rolando para longe. Por sorte, você consegue recuperar a roda, que ficou intacta, mas não há nenhum sinal dos parafusos que a prendiam ao automóvel. O que você pode fazer para prosseguir com a sua viagem até a oficina mecânica mais próxima, onde poderá comprar os parafusos que precisa?

 92 Escada para o céu

Observe a escada que aparece na figura seguinte. Para construí-la, precisamos juntar seis cubos. Você saberia calcular quantos cubos serão necessários para construir uma escada com 10 degraus? Você é capaz de descobrir algum método para calcular quantos cubos seriam necessários para construir uma escada com 100 degraus?

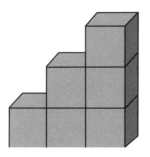

 93 O mostrador do relógio II
___

Divida o relógio seguinte em três partes de modo que a soma das horas em cada parte seja a mesma.

 94 Números consecutivos
___

Encontre quatro números consecutivos que somem 150.

95 Os números pares e ímpares

Como você já sabe, os números 1, 3, 5, 7, 9... são chamados de ímpares, enquanto que os números 2, 4, 6, 8... são chamados de pares. Se considerarmos 1 o primeiro número ímpar e 3 o segundo, qual será o centésimo número ímpar? E qual será o centésimo número par?

 96 O saco de números

Temos um saco com uma determinada quantidade de números naturais (maiores do que 1) que, multiplicados, dão 210. Se em vez de multiplicarmos nós os somarmos, qual é o maior resultado que podemos obter? E o menor?

 97 A montanha de pedras

Complete a montanha numérica seguinte com o número que você acha que deva ficar no topo.

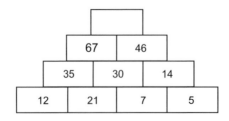

98 Os seis amigos

Seis amigos de idades diferentes possuem as seguintes características:

a) João é mais novo do que Maitê.
b) Amália e Maitê são mais novas do que Lúcia.
c) Miguel é mais velho do que Lúcia.
d) Nenhuma menina é a mais velha.
e) Nenhuma menina é a mais nova.
f) Maitê é mais velha do que Amália.
g) Pedro não é o menino mais velho nem o mais novo.

Você consegue ordenar os seis amigos por idade?

 99 O lenhador

Um lenhador demora 20 minutos para cortar um tronco de 6 metros em três pedaços iguais com o seu machado. Quanto tempo levará para cortar em seis pedaços iguais um tronco de mesma grossura que meça 12 metros?

 100 O que está acontecendo aqui?

Reflita sobre este par de frases e descubra sua lógica:

A frase seguinte é falsa.
A frase anterior é verdadeira.

101 Outro relógio

Em um relógio analógico, quantas vezes o ponteiro dos minutos passa pelo das horas entre o meio-dia e a meia-noite?

 102 Cinco filhos

O pai de Juliano tem cinco filhos: Marta, Merta, Mirta, Morta e...

 103 Uma frase estranha

Comente a seguinte frase:

"Nesta frase á três errus"

 104 O que eles têm?

Ele tem duas, ela tem uma, um elefante tem três e tem tem uma.

105 Você é bom observador?

Observe as seguintes igualdades:

1 + 3 = 4
1 + 3 + 5 = 9
1 + 3 + 5 + 7 = 16
1 + 3 + 5 + 7 + 9 = 25

Observando o anteriormente exposto, você consegue calcular, fazendo somente uma operação, a seguinte soma?

1 + 3 + 5 + 7 + 9 + 11 + 13 + 15 + 17 + 19

Pista: Tente encontrar alguma singularidade nos números 4, 9, 16 e 25.

 106 Um ônibus

Atenção: seja honesto. Leia apenas uma vez o enunciado a seguir e depois responda à pergunta que lhe faremos sem voltar a ler uma única palavra dele.

"Imagine que você está dirigindo um ônibus que está levando 20 meninos e 17 meninas. Na primeira parada, descem três meninos e sobem quatro meninas. Na segunda parada, voltam a subir três meninos, mas descem cinco meninas. Por fim, na terceira parada, descem três meninos e sobem 10 meninas."

Quantos anos tem o motorista do ônibus?

107 Um punhado de balas

Tenho um punhado de balas, de modo que, se as contar de três em três, me sobram duas; se as contar de cinco em cinco, me sobram três; e, se as contar de sete em sete, me sobram duas. Quantas balas tenho no mínimo?

 108 Uma partida que terminou em empate

Uma partida entre dois times muito equiparados terminou com um resultado de 2 – 3. A pontuação na partida pode ter ocorrido da seguinte forma:

0 – 1; 1 – 1; 2 – 1; 2 – 2; 2 – 3, ou então: 1 – 0; 2 – 0; 2 – 1; 2 – 2; 2 – 3, ou então...

Você saberia escrever todas as formas como a pontuação poderia ocorrer na partida?

 109 A estranha sequência

Você saberia dizer qual letra continua a sequência?

J F M A M J J A S O N...

110 Palavras pentavocálicas

Palavras pentavocálicas são aquelas que contêm as cinco vogais. Dito isso, desafiamos você a encontrar uma palavra pentavocálica para cada um dos seguintes temas:

a) Animal
b) Nome próprio
c) País
d) Árvore
e) Profissão
f) Palavra que tenha a ver com matemática

 111 Outra forma de escrever

Você saberia escrever "desastres" utilizando apenas duas letras?

 112 Um erro de multiplicação

Na seguinte operação de multiplicação há dois pares de números trocados. Devolva-os à sua posição original, de modo que a operação fique correta.

```
        2 3 5
    X   1 4
    ─────────
        9 4 0
      3 3 5
    ─────────
      2 2 0 9
```

113 Complete a tabela

Você saberia completar a casinha que falta na tabela seguinte?

A	B
1	2
2	4
3	4
4	6
5	5
6	4
7	4
8	4
9	4
10	3
20	5
50	9
100	3
1.000	3
2.000	?

 114 Números perfeitos, deficientes e abundantes

Números perfeitos são números cujos divisores próprios (todos os seus divisores, exceto o próprio número) somam o mesmo que o número. Por exemplo, 6 é um número perfeito porque 6 = 1 + 2 + 3. Um número é deficiente se a soma de seus divisores próprios é menor do que o próprio número. Por exemplo, 15 é um número deficiente, já que 1 + 3 + 5 = 9 < 15. Por fim, um número é chamado de abundante se a soma de seus divisores próprios supera o próprio número. Por exemplo, 20 é um número abundante, já que 1 + 2 + 4 + 5 + 10 = 22 > 20. Você consegue classificar os números a seguir entre perfeitos, deficientes e abundantes?

12, 17, 496, 100, 28, 13, 7, 96

 115 A metade de oito

Você saberia dizer por que a metade de oito pode ser 3, 0 ou 4?

 116 As vacas

Uma vaca dá quatro litros de leite em seis dias. Quantos dias serão necessários para que oito vacas como essa deem 80 litros de leite?

 117 Os quatro amigos

Maitê, Amália, Marta e Miguel saíram para tomar um suco, mas antes decidiram sentar-se no banco da praça. Marta senta-se ao lado de Maitê, mas não se senta ao lado de Amália, e Amália não se senta ao lado de Miguel. Você consegue me dizer como eles estão sentados no banco?

 118 A noiva zangada

Ontem, Maitê, bastante zangada, contou à sua amiga que havia combinado de se encontrar com seu noivo na sexta-feira às 21h, mas ficou esperando mil horas por ele. A amiga levou ao pé da letra e calculou o momento exato em que o noivo chegou. Você também conseguiria calcular que dia da semana e que horas o noivo de Maitê deu o ar da graça?

 119 O semáforo

Um semáforo fica 35 segundos no verde, 3 segundos no amarelo e 32 segundos no vermelho. Se ao meio-dia em ponto o sinal fica verde, podemos passar por ele às 22:35h?

 120 Números capicuas

Como já é de seu conhecimento, um número é denominado capicua (ou palíndromo) quando pode ser lido da mesma forma tanto da esquerda para a direita quanto da direita para a esquerda. Por exemplo, o número 1354531 é capicua. Você saberia dizer quantos números capicuas de dois algarismos existem? E de três, quatro e cinco algarismos?

 121 O preço ao contrário

Certo dia, vi um abajur muito bonito cujo preço, em reais, tinha dois algarismos. Como eu não dispunha de tanto dinheiro, girei a etiqueta, obtendo um valor 12 reais mais barato. Quanto valia originalmente o objeto que eu queria comprar?

 122 Contando com os dedos das mãos

Joãozinho é pequeno e só sabe contar usando os dedos das mãos. Ele começa com o dedo mindinho da mão esquerda e prossegue com o anular dessa mão até chegar ao cinco, que corresponde ao polegar da mão esquerda. Quando termina de contar com a esquerda, continua com o polegar da direita (6) até chegar ao mindinho da mão direita (10). Você saberia dizer com que dedo ele contará o número 1.254?

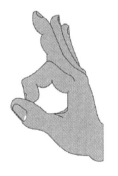

123 Empilhando fichas

Um menino quer juntar em uma única pilha 50 fichas que estão espalhadas pelo chão e não sabe a forma de fazê-lo o mais rápido possível. Existem várias possibilidades:

  a) Empilhar todas, uma por uma, formando uma única pilha.

  b) Fazer primeiro 25 pilhas de duas fichas e depois empilhar as 25 pilhas, uma por uma, até obter uma única pilha.

  c) Fazer 10 pilhas de 5 fichas cada e então empilhar as 10.

  Você saberia dizer qual lhe convém mais? Você conseguiria sugerir uma opção melhor?

 124 Minha idade

Se eu lhe digo que em 1990 minha idade era igual à soma dos algarismos do ano do meu nascimento, você saberia calcular quantos anos eu tenho?

 125 Somente um peso

Dispomos de uma balança de pratos, 2kg de farinha e um peso de 100g. Desejamos separar a farinha em dois pacotes, um com 1.400g e outro com 600g. Como podemos fazê-lo utilizando o mínimo possível de pesagens?

126 A liga

Em uma liga infantil jogam seis times. A liga terminará quando todos os times tiverem se enfrentado entre si em uma partida de ida e volta. Quantas partidas os times terão disputado ao término da competição?

 127 Pares

Quantos números pares diferentes de quatro algarismos podem ser formados com os números 1, 2, 3 e 5, sem repeti-los? Você é capaz de escrever todos eles?

E se deixarmos que os números se repitam? Você tem paciência de escrever todos?

 128 Os agricultores

Três agricultores decidem doar os seus excedentes de arroz, reunindo, assim, um total de 18 T. O primeiro contribuiu com o que pôde, o segundo doou o triplo do que deu o primeiro e o terceiro deu o dobro da soma dos dois primeiros. Você saberia dizer quantos quilos doou cada um dos agricultores?

129 Outra sequência

Você saberia escrever mais dois números na seguinte sequência?

$$1, 2, 6, 24, 120, 720...$$

 130 Um número ímpar de divisores

O número 4 possui uma propriedade curiosa, tem apenas três divisores:

$$D(4) = \{1, 2, 4\}$$

Você conseguiria descobrir outros números que possuem um número ímpar de divisores?

O que caracteriza todos os números que têm um número ímpar de divisores?

 131 Desafio entre amigas

Certo dia, cinco amigas – Amália, Lúcia, Maitê, Marta e Gisele – decidiram verificar quem era a mais rápida fazendo uma corrida de 100m rasos. Amália chegou tantas posições na frente de Lúcia quanto Marta na de Gisele e nem Maitê nem Gisele chegaram em terceiro lugar, mas também não foram as últimas. Você saberia dizer quem é a mais rápida e em que ordem chegaram essas competitivas amigas?

1.3
Uma amostra de problemas de pensamento lateral

Os problemas da lista seguinte recebem o nome genérico de problemas de *pensamento lateral*. Poderíamos definir o pensamento lateral como um conjunto de métodos de pensar que permitem mudar conceitos e percepção, e aumentam a criatividade. Em resumo, a seguinte seleção de problemas tem soluções totalmente lógicas, mas, normalmente, distantes da forma habitual de pensamento. Encorajamos você a encontrar tais soluções.

Observação: O termo pensamento lateral foi proposto pelo psicólogo e fisiólogo Edward de Bono, em 1967.

Se você estiver explorando este livro sozinho, tente buscar soluções para os problemas que se *adequem* aos dados, mas que não sejam totalmente evidentes. De qualquer modo, o melhor seria que você tentasse resolvê-los em grupo. A brincadeira poderia consistir no seguinte: uma pessoa do grupo conhece a solução do problema e os demais fazem perguntas a ela, que só poderá responder com as palavras SIM, NÃO ou NÃO IMPORTA, até resolverem por completo o enigma. Utilizados dessa forma, podem render muita brincadeira. Anime-se a brincar!

132 Um acidente

João viaja de carro com seu filho Carlos, de 10 anos, para passarem juntos um fim de semana. A caminho de sua casa de campo, sofrem um acidente em que João morre, enquanto seu filho fica muito ferido e necessita de imediata intervenção cirúrgica. Ao chegar ao hospital, um membro da equipe médica se oferece prontamente para realizar o procedimento, porém o diretor do hospital se opõe, dizendo: "Não pode operá-lo, você sabe perfeitamente que nenhum médico pode operar seu próprio filho". Você saberia explicar o que está acontecendo? Como é possível tal situação?

 133 Café da manhã

São 7 horas da manhã e João se encontra diante de seu pão doce e de uma xícara de café. Em dado momento, sem se dar conta, seus óculos caem dentro da xícara de café. Sem se preocupar muito, ele os recolhe e volta a colocá-los totalmente secos. Como ele conseguiu fazer isso?

134 Um complexo para mulheres

No meio de uma floresta e isoladas do resto do mundo reside um grupo de mulheres liderado por uma delas. Vivem em um luxuoso complexo em que cada uma delas tem um belo apartamento. A diretora espiritual do grupo proíbe terminantemente que qualquer homem entre no complexo (contratam apenas mulheres para todo tipo de serviço). Certo dia, a diretora volta de uma viagem e se dá conta de que um homem havia estado no complexo. Como ela descobriu, se ninguém lhe contou?

 135 Um papagaio raro

Na loja de animais, vendem um louro com a seguinte propaganda: "Este magnífico louro é capaz de repetir tudo que ouve, mesmo que escute só uma vez". Uma senhora voltou à loja uma semana depois de tê-lo comprado, queixando-se de que até o momento o louro não havia repetido nada do que lhe haviam dito ela e seus filhos. Você saberia explicar por quê?

 136 Uma leitura noturna

Um casal, no fim do dia e antes de dormir, leem cada qual um livro. Certo dia, a mulher cansa de ler, põe o livro de lado e apaga a luz, porém, curiosamente, o marido continua lendo sem nenhum problema. Você saberia explicar como ele consegue fazer isso?

☑ 137 As duas bolas

Temos duas bolas do mesmo tamanho, da mesma forma e da mesma cor, mas uma delas pesa 20 vezes mais do que a outra. Você saberia descobrir qual das duas é a mais pesada se eu lhe permitir carregar apenas uma delas?

☑ 138 Dois mineiros

Um par de mineiros sai da mina. Um deles está com o rosto totalmente negro e o outro está com o rosto bem limpo. O que está com o rosto limpo se limpa e o que está com o rosto negro não faz nada. Você saberia explicar o porquê dessa estranha conduta?

☑ 139 No bar

Um homem entra em um bar e pede um copo d'água. O garçom, intuindo o que se passa, saca uma pistola e aponta para a sua cabeça. O cliente, sem voltar a pedir o copo d'água, agradece ao garçom e vai embora. Você pode explicar o que aconteceu?

140 Um taxista com pouca paciência

Uma senhora chama um táxi e, depois de indicar o endereço a que pretende ir, põe-se a falar sem parar sobre sua família, seus filhos, seu trabalho etc. Depois de um tempo, o taxista lhe diz que é surdo e que, portanto, não pode ouvir nada do que ela está contando. Ao chegar ao seu destino e depois de descer do táxi, a mulher se dá conta de que o taxista a enganou e na verdade não é surdo. Como ela descobriu?

 141 O adivinho

Um adivinho garante que é capaz de acertar o resultado de uma partida de futebol exatamente cinco minutos antes de ela começar. Você acha que ele está mentindo?

 142 Um túnel estreito

O trem que vai para a minha cidade tem que passar por um túnel muito estreito, em que só cabe um trem. Apesar disso, um dia passou por ali um trem de ida e um trem de volta. Você sabe como puderam passar os dois, se o túnel só tem capacidade para um?

143 Um guarda-chuva pequeno

Doze pessoas compartilharam um mesmo guarda-chuva de tamanho normal, mas conseguiram que nenhuma das doze se molhasse. Você sabe como conseguiram isso?

 144 Dois gêmeos

Um par de gêmeos idênticos foi a uma festa onde serviram a cada um deles uma taça. Um dos gêmeos tomou sua bebida rapidamente, logo que a serviram, enquanto o outro demorou muito tempo para fazê-lo. O segundo morreu envenenado, mas nada aconteceu ao primeiro. Você saberia explicar por quê?

 145 Num tribunal

Uma moça tem certeza de que sua irmã é a autora de um crime. No tribunal, ela explica isso ao juiz e ele responde: "Este é o caso mais estranho que já tive que julgar. Estou totalmente convencido de que a sua irmã é a culpada do crime, mas devo deixá-la em liberdade". Você saberia explicar por quê?

146 Romeu e Julieta

O Detetive Guimarães entrou no quarto e viu Romeu e Julieta mortos no chão. Também encontrou uma pequena poça d'água perto deles. A janela estava aberta e havia cacos de vidro junto com a água. Fora isso, ele não encontrou mais nada no quarto. Você saberia explicar o que aconteceu?

 147 As batatas

Como podemos repartir cinco batatas entre quatro pessoas sem utilizar uma faca?

 148 Mães generosas

Duas mães dão dinheiro às suas filhas. Uma das mães dá à sua filha 15 reais, enquanto a outra dá somente 10 reais à dela. Ao contar quanto dinheiro as duas haviam reunido, viram que, surpreendentemente, só havia 15 reais. Você saberia explicar como isso é possível?

 149 Cinco números

Você saberia escrever cinco dígitos ímpares que somem 14?

150 Incêndio na ilha

Suponha que você esteja no lado oeste de uma ilha retangular e comece um incêndio que queima toda a extensão da ilha, iniciando no lado leste. Além disso, o vento está soprando do leste. Como fará para não morrer no incêndio?

2
Soluções

2.1
Problemas geométricos

1 Monte as figuras

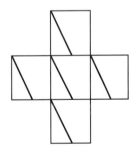  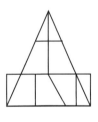

2 Contando quadrados I

Há exatamente 11 quadrados.

3 De cinco para quatro

Na figura seguinte aparecem os palitos que você deve mover e onde tem que colocá-los.

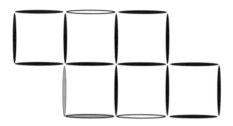

4 Guardando os relógios

5 Contando quadrados II

Sobre o diagrama que aparece no enunciado podem ser desenhados 20 quadrados de diferentes tamanhos. São eles:

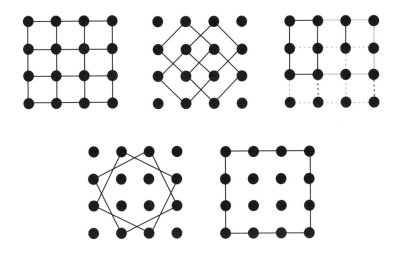

 ## 6 O infiltrado

As figuras A, C e D são iguais por rotação (ou seja, girando-se uma delas podemos chegar a convertê-la em qualquer das outras duas). A figura B é diferente, nenhum giro poderá convertê-la em qualquer das outras três.

 ## 7 Contando triângulos

Há exatamente 13 triângulos: nove pequenos, três médios e um grande.

8 Chuva de estrelas

Na figura aparecem exatamente 17 estrelas, todas iguais.

 9 De fileira para círculo

Estes são os dois movimentos com que você conseguirá o que foi pedido no enunciado:

Primeiro movimento

Segundo movimento

✓ 10 Cortar e colar I

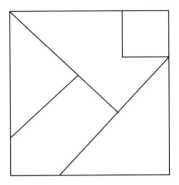

✓ 11 Os tetraminós formam um quadrado

A figura a seguir mostra as peças pelas letras. Foram sendo colocadas seguindo esta ordem: E, C, D, A, B.

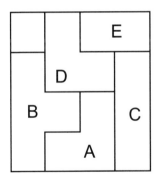

Observação: Se você gostou do problema, pode buscar informações sobre os pentaminós, que são a extensão dos tetraminós, utilizando cinco quadrados. Você verá que estes últimos apresentam múltiplas aplicações.

 12 As silhuetas I

A única silhueta que coincide com o desenho original é a A.

 13 Contando palitos

Necessitaremos de 3 palitos para o primeiro triângulo e 2 para cada um dos 99 restantes, o que dá um total de 3 + 2 × 99 = 201 palitos.

 14 Em duas partes I

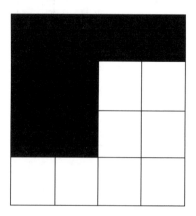

15 Simétrico

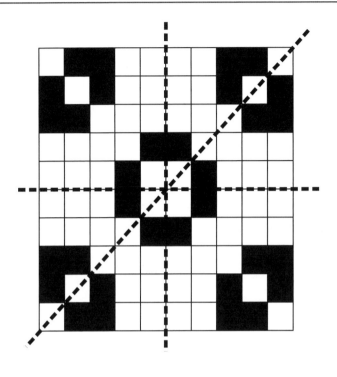

16 Um par de resta um

Numeraremos cada ficha para que seja mais fácil entender a solução de cada um dos resta um. Uma vez numeradas as fichas, a notação 2 – 3 significa que a ficha 2 salta sobre a ficha 3, desaparecendo esta última.

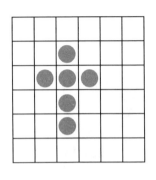 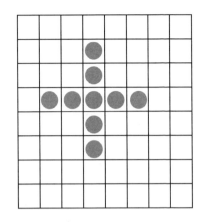

Solução do primeiro resta um: 3 – 2; 6 – 5; 4 – 6; 3 – 4; 1 – 3

Solução do segundo resta um: 4 – 3; 6 – 5; 9 – 8; 9 – 6; 4 – 9; 1 – 2; 4 – 1; 7 – 4

✓ 17 Recorte os quadros

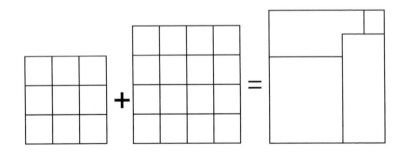

✓ 18 Contando triângulos II

Há exatamente 44 triângulos: 16 pequenos, 16 médios, 8 grandes e 4 maiores ainda.

19 Peças em ordem I

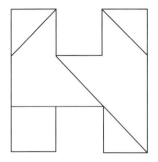

 20 O cubo

O cubo da figura conta com exatamente 4 × 4 × 4 = 64 cubos pequenos. Desses 64 cubos, há 56 que estão no exterior e 8 que estão completamente escondidos.

 21 Pintando o quadro

O que o enunciado propõe é impossível. A maneira de demonstrá-lo é estudando todos os casos possíveis. Se pintarmos a primeira casinha da primeira fileira do quadro, somente poderemos pintar a terceira da segunda fileira. Depois, só nos restará a casinha central da última fileira, mas, desta maneira, não teremos pintado nenhuma casinha de uma das duas diagonais. Raciocinando de forma similar, podemos comprovar que se começamos pintando a casinha central ou a última da primeira fileira, tampouco conseguiremos o que se pretende.

22 Quantos cubos faltam?

Na figura aparecem 26 cubos. Portanto, faltam 4 × 4 × 4 − 26 = 64 − 26 = 38 cubos para completar um cubo de 4 × 4 × 4.

 23 Os relógios

A terceira figura jamais poderia corresponder a um relógio de ponteiros normal. Às quatro e meia, o ponteiro não poderia estar sobre o 4, estaria entre o 4 e o 5.

 24 Em busca das botas perdidas

Aqui está tudo o que você procurava:

25 Em partes iguais

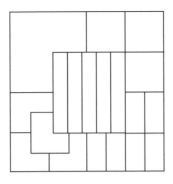

 26 Os três dados

Todas as faces escondidas somam 42. Para calcular, você pode, por exemplo, encontrar a soma dos pontos de três dados e subtrair as faces que consegue ver.

 27 As duas cruzes

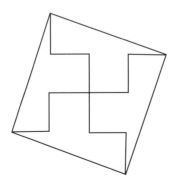

28 Os tapetes

Os únicos retângulos que cumprem o que pede o enunciado são os de 6 × 8 e 12 × 5. Aqui estão eles, para que você possa comprovar que cumprem a condição pedida no exercício.

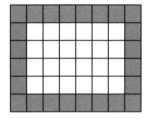 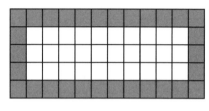

 29 Um cubo desmontado

O desmonte corresponde aos cubos A e D.

 30 As silhuetas II

A única silhueta que corresponde ao desenho original é a silhueta B.

 31 O infiltrado II

As figuras A, B e C são iguais por rotação (ou seja, girando uma delas podemos convertê-la em qualquer das outras duas). A figura D é diferente, nenhum giro poderá convertê-la em nenhuma das outras três.

32 De um só traço

A única figura que não se pode desenhar sem levantar o lápis do papel é a figura C. Se você gostou do problema, peça ao seu professor que o ajude a descobrir que tipos de figuras podem ser desenhadas sem se levantar o lápis do papel e quais não.

 33 Uma frase escondida

SEMPRE QUE PUDER, CONTE.

Francis Galton

 34 Qual lado é mais comprido?

Embora possa parecer o contrário, as duas linhas são iguais. Se você não acredita, o seguinte desenho o ajudará a compreender.

 35 Cortar e colar II

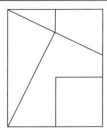

36 Ladrilhando a cozinha

Se só podemos utilizar um tipo de ladrilho, só nos servirão o triângulo equilátero, o quadrado e o hexágono. Não podemos utilizar os demais polígonos, já que seus ângulos não são divisores de 360^0.

O piso da cozinha ficará aproximadamente assim:

 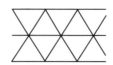 

 37 Ladrilhando a sala

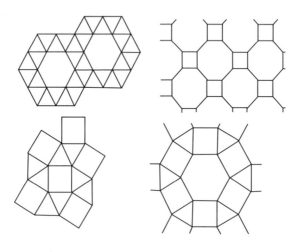

38 Moedas no quadro

No primeiro quadro não podemos colocar mais de oito moedas sem que haja três alinhadas, já que a nona moeda deverá ser colocada em uma fileira ou coluna em que já haja duas moedas. O mesmo serve para explicar por que não podemos colocar mais de 12 moedas no segundo quadro.

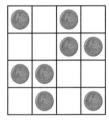
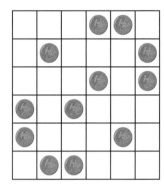

 39 De três a cinco

Observação: Contam-se os quadrados pequenos e o grande que os envolve.

40 Em duas partes II

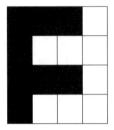

41 Peças em ordem II

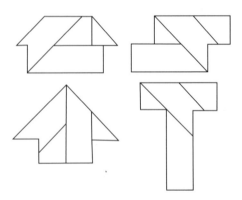

42 O que há de errado?

Trata-se de um antigo paradoxo geométrico. Por um lado, parece que há dois níveis na figura, mas, por outro, parece estar tudo no mesmo nível. Se você gosta do tema de figuras impossíveis, efeitos óticos e paradoxos visuais, recomendo que você dê uma olhada na obra de Maurits Cornelis Escher (1898-1972).

43 Desmontando o cubo

A face 3 estará oposta à 5, a 2 à 6 e a 1 à 4.

 44 Completando o dado

6	4	1		
	2	3	5	

 45 Quantos?

Se você girar o livro 180⁰, poderá ver duas caras mais, além das que aparecem no enunciado.

46 Mini Tangran

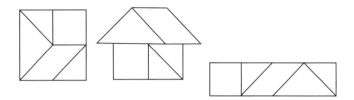

 47 Dividindo o quadrado

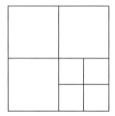

Se não se cansou de pensar, você pode tentar dividi-lo em cinco, oito ou nove quadrados, por exemplo.

 48 O dominó

Estas são duas soluções possíveis:

Se você não se cansou de pensar, ainda há outras soluções esperando que você as descubra.

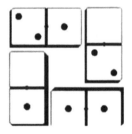 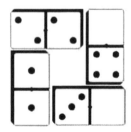

2.2
Problemas aritméticos, lógicos e de raciocínio

 49 Usando os sinais matemáticos necessários

Há muitas soluções, a seguinte é uma delas:

$$(3 + 3 \times 9) \times 4 - 20 = 100$$

Observação: Tente encontrar outras soluções.

 50 Sequências

a) 1, 3, 5, 7, 9, 11, 13 (série de números ímpares)

b) 2, 4, 6, 8, 10, 12, 14 (série de números pares)

c) 1, 2, 4, 7, 11, 16, 22, 29 (soma-se 1, 2, 3, 4 ao último algarismo obtido).

d) 1, 3, 7, 13, 21, 31, 43, 57 (soma-se 2, 4, 6 ao último algarismo obtido).

e) 1, 2, 4, 5, 7, 8, 10, 11, 13 (soma-se 1 e 2 alternadamente para se obter o algarismo seguinte).

f) 1, 3, 7, 9, 13, 15, 19, 21, 25 (soma-se 2 e 4 alternadamente para se obter o algarismo seguinte).

g) 1, 1, 2, 3, 5, 8, 13, 21, 34 (soma-se os dois algarismos anteriores para se obter o seguinte).

 51 A balança

Colocamos açúcar nos pratos até obter dois montes de exatos 60g de peso. Dividimos um dos dois montes em dois montinhos de 30g cada um. Juntando um monte de 60g com um de 30, obteremos o monte de 90 que queríamos. Do outro lado, restam os 30g que também pretendíamos separar.

 52 Os quatro números sempre dão 9

a) $3 \times 3 + 3 - 3 = 9$

b) $4 + 4 + 4/4 = 9$

c) $5 + 5 - 5/5 = 9$

53 Os triângulos mágicos

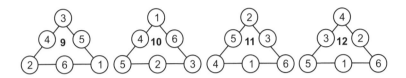

 54 As balas

Se dividirmos 111 por 3, obteremos 37. Portanto, haverá 37 balas de menta e 37 × 2 = 74 balas de morango.

 55 Uma família peculiar

 Não é possível que haja um/uma só filho/filha na família, já que não teria nenhum irmão/irmã.

Tampouco podem ser dois filhos/filhas, já que seria impossível que cada um deles tivesse um irmão e uma irmã.

O caso de três filhos/filhas também é impossível (tente pensar por quê).

Portanto, deverão ser quatro filhos: dois meninos e duas meninas.

56 Apenas um sinal

Basta colocar uma vírgula, formando 5,6.

 57 Três números

$$1 + 2 + 3 = 1 \times 2 \times 3$$

 58 Muitas canetas

Tenho apenas três canetas: uma verde, uma vermelha e uma preta.

 59 Um número de dois algarismos

Trata-se do número 24.

 60 Um quadrilátero peculiar

Seus lados medem 7, 8, 9 e 10.

61 Peras e maçãs

Cinco peras e cinco maçãs custam R$ 2,10 + R$ 1,90 = R$ 4,00. Portanto, uma pera e uma maçã custam R$ 0,80.

 62 Um par de peões

Temos 64 casas para colocar o primeiro peão e 63 para colocar o segundo. Portanto, temos um total de 64 × 63 = 4.032 formas diferentes.

 63 No restaurante

Poderíamos montar 3 × 3 × 4 = 36 cardápios diferentes.

 64 O baralho de cartas

 Deveremos tirar 17 cartas. Se tirarmos apenas 16 cartas, poderíamos ter quatro de cada naipe. A carta número 17 será, forçosamente, de algum dos naipes dos que temos quatro cartas.

65 Muitos animais

Eram 7 × 7 × 7 × 7 = 2.401 gatinhos; 7 × 7 × 7 = 343 gatos; 7 × 7 = 49 cestas; 7 avós. Tudo isso dá um total de 2.401 + 343 + 49 + 7 = 2.800 elementos.

 66 Uma longa fileira de dinheiro

1.070,76m = 1.070.760mm. Uma moeda de 5 centavos tem um diâmetro aproximado de 21mm. Portanto, haverá 1.070.760/21 = 50.988,5750989 moedas de 5 centavos, o que perfaz 2.549,45 euros.

 67 O relógio cuco

Se leva 30 segundos para soar seis vezes, significa que se passam 5 segundos entre uma vez e outra. Portanto, levará 55 segundos para soar 12 vezes.

 68 Em ordem alfabética

O catorze.

69 Procurar e achar

Mil.

 70 Cortando a tubulação

Levará exatamente nove dias, já que no nono dia, ao cortar o pedaço de 3 metros, restará outro pedaço cortado automaticamente.

 71 O dobro de balas

Basta que me dê cinco balas. Assim, eu terei 20 balas e você apenas 10.

 72 Complete as casinhas

| 9 | + | 5 | − | 2 | = | 12 |

| (9 | + | 5) | x | 2 | = | 28 |

| (9 | − | 5) | x | 2 | = | 8 |

| 9 | − | 5 | − | 2 | = | 2 |

73 Três é melhor do que quatro

Um tamborete de três pernas nunca fica bambo (ainda que tenha uma perna mais curta que as demais), já que três pontos sempre delimitam um plano (o chão). Como não é este o caso das cadeiras de quatro pernas, elas podem ficar bambas.

 74 Escrevendo números

Se não vale repetir nenhum dos quatro algarismos, podemos escrever 4 × 3 × 2 × 1 = 24 números diferentes (você toparia escrever os 24 números?). Se vale repetir os algarismos, poderemos escrever 4 × 4 × 4 × 4 = 256 números diferentes.

 75 Melões e maçãs

Todas as opções, exceto a d), custam menos do que 10 melões e três maçãs.

 76 Esportes em sala de aula

Se calcularmos 13 + 10 = 23, teremos contado duas vezes aqueles alunos que jogam futebol e basquete. Portanto, o número real de pessoas que jogam só um dos esportes é 23 − 3 = 20.

77 Completando o quadro

1	5	4	2	3
2	3	1	5	4
5	4	2	3	1
3	1	5	4	2
4	2	3	1	5

 78 Os números passam pelo círculo

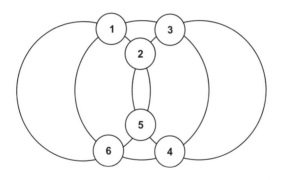

 79 Muitas combinações

É claro que, se devemos utilizar as cinco letras, todas as palavras que formarmos terão esse número de letras. Teremos cinco letras diferentes para a primeira posição, quatro para a segunda, três para a terceira, duas para a quarta e apenas uma para a última posição. Assim, poderemos formar: 5 × 4 × 3 × 2 × 1 = 120 palavras diferentes.

Se determinarmos que a palavra deva começar por C, teremos 4 × 3 × 2 × 1 = 24 palavras diferentes. Você toparia escrever todas elas?

☑ 80 Complete a figura

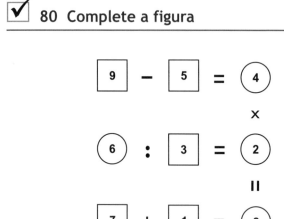

☑ 81 As fatias de pão e a tostadeira

O problema pode ser resolvido em um minuto e meio. Utilizaremos o seguinte procedimento: colocamos duas fatias de pão na tostadeira durante 30 segundos. Assim, passado esse tempo, teremos duas fatias tostadas de um lado só. Viramos uma das duas e substituímos a outra por uma fatia nova. Esperamos por mais 30 segundos. Então, retiramos a fatia tostada dos dois lados e colocamos as duas fatias tostadas de um lado só por mais 30 segundos. Ao fim de 90 segundos, teremos as três fatias totalmente tostadas.

 82 Um problema muito clássico

Na verdade, foram um homem com seu filho, seu neto e seu bisneto. Assim, podemos contar dois avôs, três pais, três filhos e dois netos.

 83 Uma cruz numérica

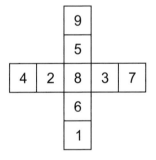

 84 As três amigas

Amália tem 120 reais; Maitê, 240 reais e Lúcia, 360 reais.

Para obter a resposta, basta dividir 720 reais entre 6. Assim, Amália terá uma parte, Maitê duas e Lúcia três partes.

85 Dois números com produto máximo

Esses dois números são 49 e 51, cujo produto é 2.499.

 86 A bandeira

Temos quatro cores para pintar a primeira listra, outras quatro para a segunda, mais quatro para a cruz e, por último, quatro cores mais para a última listra. Assim, temos 4 × 4 × 4 × 4 = 256 formas diferentes de pintar a bandeira.

 87 Encadeando operações

Para resolver problemas desse tipo, recomendo que você comece pelo final e faça as operações inversas até chegar ao primeiro número.

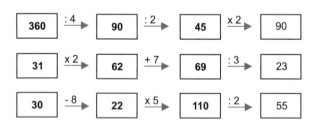

88 Nossa querida formiga

1km = 100.000cm

100.000cm equivalem a 3.333 voltas e 1/3 de volta. Portanto, encontraremos a formiga no vértice do hexágono situado mais à direita da figura (vértice que chamamos de M [meta]).

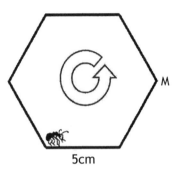

✓ **89 99 do 9 ao 1**

9 + 8 + 7 + 65 + 4 + 3 + 2 + 1 = 99

✓ **90 O mostrador do relógio I**

91 Avaria mecânica

Basta tirar um parafuso de cada uma das três rodas restantes e voltar a colocar a roda que havia soltado. Assim, cada uma das quatro rodas estará presa por três parafusos, aos quais você poderá acrescentar um quarto depois que chegar à oficina mecânica.

 92 Escada para o céu

Para uma escada com 10 degraus necessitaremos:

$1 + 2 + 3 + 4 + 5 + 6 + 7 + 8 + 9 + 10 = (1 + 10) + (2 + 9) + (3 + 8) + (4 + 7) + (5 + 6) = 11 \times 5 = 55$ cubos.

Da mesma forma, para uma escada com 100 degraus necessitaremos:

$1 + 2 + 3 + 4 + 5 + \ldots + 97 + 98 + 99 + 100 = 101 \times 50 = 5.050$ cubos.

 93 O mostrador do relógio II

94 Números consecutivos

Os números pedidos são 36 + 37 + 38 + 39 = 150.

 95 Os números pares e ímpares

O centésimo número ímpar é o 199, enquanto que o centésimo número par é o 200.

 96 O saco de números

 Se levarmos em conta que 210 = 2 × 3 × 5 × 7, o menor resultado possível será aquele em que todos os números sejam de um só algarismo: 2, 3, 5, 7. Portanto, o menor resultado que podemos obter será 17. O maior resultado será aquele que conte com a maior soma que podemos obter. Nesse caso, o maior resultado será obtido quando no saco estiverem o 105 e o 2, cuja soma é igual a 107.

 97 A montanha de pedras

Cada bloco contém a soma dos dois blocos que o sustentam mais duas unidades. Por exemplo: 35 = 12 + 21 + 2. Assim, a torre completa ficaria da seguinte maneira:

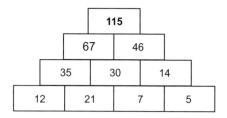

 98 Os seis amigos

Aqui estão os seis amigos ordenados do mais novo para o mais velho:

João, Amália, Maitê, Pedro, Lúcia e Miguel

 99 O lenhador

Para cortar um tronco de 6 metros em três pedaços iguais ele só precisa fazer dois cortes (cf. a figura). Ele leva 10 minutos para fazer cada corte. Se tem que cortar um tronco de 12 metros, ele deverá fazer 5 cortes e, portanto, levará 50 minutos para cortá-lo.

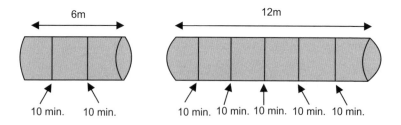

100 O que está acontecendo aqui?

Trata-se de um paradoxo em que as frases não podem ser verdadeiras nem falsas, já que carregam uma contradição.

 101 Outro relógio

10 vezes.

 102 Cinco filhos

Juliano!

 103 Uma frase estranha

Esta frase não pode ser nem verdadeira nem falsa. Se consideramos um erro o fato de que afirma possuir três erros quando há somente dois, não seria um erro e não poderíamos contar como tal. Se não contamos o erro e consideramos apenas dois erros, cometemos um erro e, portanto, temos três... Com toda certeza, trata-se de um paradoxo.

 104 O que eles têm?

A letra e: "Ele tem duas, ela tem uma, um elefante tem três e tem tem uma.

105 Você é bom observador?

A partir das somas do enunciado:

$1 + 3 = 4 = 2^2$

$1 + 3 + 5 = 9 = 3^3$

$1 + 3 + 5 + 7 = 16 = 4^2$

$1 + 3 + 5 + 7 + 9 = 25 = 5^2$

Como você já adivinhou, a soma dos dois primeiros ímpares nos dá 2^2, a soma dos três primeiros, 3^2, e assim por diante. Portanto, a soma dos dez primeiros ímpares dará $10^2 = 100$. Uma demonstração visual do que explicamos pode ser fornecida pelos seguintes quadros:

 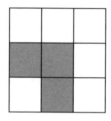 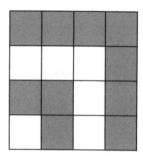

 106 Um ônibus

A mesma que você. Lembre-se de que o problema começava assim: "Imagine que você está dirigindo um ônibus..."; portanto, a idade do motorista será a sua própria idade.

107 Um punhado de balas

No mínimo, 23 balas.

 108 Uma partida que terminou em empate

A partida pode ter acontecido de 10 formas diferentes, que são as seguintes:

1) 0 – 0; 1 – 0; 2 – 0; 2 – 1; 2 – 2; 2 – 3
2) 0 – 0; 1 – 0; 1 – 1; 2 – 1; 2 – 2; 2 – 3
3) 0 – 0; 1 – 0; 1 – 1; 1 – 2; 2 – 2; 2 – 3
4) 0 – 0; 1 – 0; 1 – 1; 1 – 2; 1 – 3; 2 – 3
5) 0 – 0; 0 – 1; 0 – 2; 0 – 3; 1 – 3; 2 – 3
6) 0 – 0; 0 – 1; 0 – 2; 1 – 2; 1 – 3; 2 – 3
7) 0 – 0; 0 – 1; 0 – 2; 1 – 2; 2 – 2; 2 – 3
8) 0 – 0; 0 – 1; 1 – 1; 1 – 2; 1 – 3; 2 – 3
9) 0 – 0; 0 – 1; 1 – 1; 1 – 2; 2 – 2; 2 – 3
10) 0 – 0; 0 – 1; 1 – 1; 2 – 1; 2 – 2; 2 – 3

 109 A estranha sequência

São as iniciais dos meses do ano, portanto, a letra que continua a sequência é D (dezembro).

110 Palavras pentavocálicas

a) Toupeira.
b) Aurélio/Eufrosina.
c) Moçambique.
d) Eucalipto/sequoia/nogueira/salgueiro.
e) Arquiteto/costureira/barqueiro/metalúrgico/patrulheiro/pesquisador.
f) Hipotenusa.

 111 Outra forma de escrever

10AS3

 112 Um erro de multiplicação

Em negrito aparecem os números que trocamos.

```
            2  3  5
    X          1  4
    ─────────────────
            9  4  0
         3  3  5
    ─────────────────
         2  2  0  9
```

 113 Complete a tabela

Na coluna B aparece o número de letras que tem o número por extenso situado na coluna A. Por exemplo: um tem duas letras;

dois tem quatro letras, mil tem três letras. Portanto, na casinha em que aparecem as interrogações deveria aparecer um sete, já que "dois mil" tem sete letras.

 114 Números perfeitos, deficientes e abundantes

Os números que aparecem na lista do enunciado são classificados da seguinte forma:

Números perfeitos: 28, 496

Números abundantes: 12, 96, 100

Números deficientes: 7, 13, 17

Observação: Quem tiver disposição poderá tentar descobrir que relação, além de serem números deficientes, há entre os números deficientes do nosso exemplo.

 115 A metade de oito

Que a metade de oito é quatro é evidente.

Que a metade de oito pode ser 3 ou 0 você pode constatar na seguinte figura.

116 As vacas

Cada dia uma vaca dá 4/6 litros de leite. Portanto, uma vaca apenas levará 80/(4/6) = 120 dias para dar 80 litros. Mas se forem 8 vacas fornecendo leite, levará 120/8 = 15 dias. Em suma, 8 vacas levarão 15 dias para dar 80 litros de leite.

 117 Os quatro amigos

Estão sentados da seguinte forma: Miguel, Marta, Maitê e Amália.

 118 A noiva zangada

Se você calcular, verá que 1.000/24 = 41,666..., que equivalem a 41 dias inteiros e 16 horas. Portanto, seu noivo chegou 41 dias inteiros depois e mais 16 horas atrasado. Ou seja, às 13h. Como não nos dizem se o mês tinha 28, 29, 30 ou 31 dias, não podemos saber exatamente que dia da semana ele apareceu.

 119 O semáforo

Entre o meio-dia e as 22:35h transcorrem exatamente 10:35h, o que equivale a 10 × 60 + 35 = 635 minutos = 38.100 segundos. O semáforo volta à sua posição de partida (verde) a cada 70 segundos. Portanto, o semáforo haverá feito 38.100/70 = 544,2857 ciclos completos. Ou seja, completado 544 ciclos, e terá começado um novo ciclo há aproximadamente 20 segundos. Portanto, estará há 20 segundos no verde e ainda permanecerá assim por mais 15 segundos, ou seja, poderemos passar sem problemas.

 120 Números capicuas

Os capicuas de dois algarismos são fáceis de descobrir: 11, 22, 33, 44, 55, 66, 77, 88, 99. Portanto, há nove capicuas de dois algarismos. De três algarismos há 90, a mesma quantidade dos de quatro algarismos. Por último, há 900 capicuas de cinco algarismos.

 121 O preço ao contrário

Originalmente, o que eu queria comprar custava 98 reais. Ao girar a etiqueta, baixou para 86 e, portanto, economizei: 98 – 86 = 12 reais.

 122 Contando com os dedos das mãos

É pela mão esquerda que Joãozinho começa a contar de 10 em 10. Portanto, contará o 1.250 com o dedo mindinho da mão direita. O 1.251 com o mindinho da mão esquerda, o 1.252 com o anular da mão esquerda, o 1.253 com o dedo médio da mão esquerda e, finalmente, o 1.254 com o dedo indicador da mão esquerda.

123 Empilhando fichas

Se você pensar um pouco ou começar a tentar empilhar algumas fichas (não precisa usar 50, bastam 10), verá que dá na mesma o sistema que utilizar, pois o número total de movimentos que terá que fazer será sempre o mesmo.

 124 Minha idade

Se você pesquisar um pouco, poderá descobrir que nasci em 1967. Você já sabe que para calcular minha idade deverá subtrair 1967 do ano em que você está lendo este livro.

 125 Somente um peso

Uma das formas de fazê-lo é dividir os 2kg em dois montes de 1kg cada um (uma pesagem). Em seguida, dividir um dos montes de 1kg em outros dois de 500g (duas pesagens). Por fim, dividimos um dos dois montes de 500g em 400g + 100g (três pesagens).

 126 A liga

Terão sido disputadas ao todo 30 partidas.

✓ 127 Pares

Como você sabe, todos os números pares terminam em 0, 2, 4, 6 ou 8. Dos algarismos anteriores, contamos somente com o número 2. Portanto, todos os números que podemos escrever terminarão em 2. Assim, sem repetir os dígitos, só podemos escrever seis números pares: 1.352, 1.532, 3.152, 3.512, 5.132 e 5.312.

Repetindo algarismos, podemos escrever 64 números diferentes. São os seguintes:

1.112, 1.122, 1.132, 1.152, 1.212, 1.222, 1.232, 1.252, 1.312, 1.322, 1.332, 1.352, 1.512, 1.522, 1.532, 1.552, 2.112, 2.122, 2.132, 2.152, 2.212, 2.222, 2.232, 2.252, 2.312, 2.322, 2.332, 2.352, 2.512, 2.522, 2.532, 2.552, 3.112, 3.122, 3.132, 3.152, 3.212, 3.222, 3.232, 3.252, 3.312, 3.322, 3.332, 3.352, 3.512, 3.522, 3.532, 3.552, 5.112, 5.122, 5.132, 5.152, 5.212, 5.222, 5.232, 5.252, 5.312, 5.322, 5.332, 5.352, 5.512, 5.522, 5.532, 5.552.

✓ 128 Os agricultores

Se considerarmos que o primeiro doou uma unidade, o segundo doou três unidades e o terceiro, oito unidades, devemos dividir o total, 18 T, entre as 12 unidades que os três somados doaram: 18/12 = 1,5 unidades cada um. Portanto, o primeiro doou 1,5 T = 1.500kg, o segundo 4,5 T = 4.500kg e o terceiro 12 T = 12.000kg.

129 Outra sequência

Começando pela unidade, cada algarismo é obtido somando-se seu anterior com 2, 3, 4, e assim por diante. Ou seja:

1; 2 × 1 = 2; 3 × 2 = 6; 4 × 6 = 24; 5 × 24 = 120; 6 × 120 = 720; 7 × 720 = **5.040**; 8 × 5.040 = **40.320**.

Portanto, como se pode ver, os dois números seguintes da sequência são 5.040 e 40.320.

 130 Um número ímpar de divisores

Se você tentou um pouco, percebeu que os números 4, 9, 16, 25, 36... têm um número ímpar de divisores. De fato, apenas os quadrados perfeitos possuem um número ímpar de divisores.

Observação: Chama-se quadrado perfeito o número que resulta de se elevar qualquer número natural ao quadrado como, por exemplo: $2^2 = $ **4**; $3^2 = $ **9**; $4^2 = $ **16**...

 131 Desafio entre amigas

A ordem de chegada, da primeira para a última, foi a seguinte: Maitê, Marta, Amália, Gisele e Lúcia.

2.3
Uma amostra de problemas de pensamento lateral

 132 Um acidente

O médico em questão é a mãe de Carlos.

 133 Café da manhã

Eles caíram dentro da xícara, mas em nenhum momento dissemos que ela estava cheia.

 134 Um complexo para mulheres

A diretora encontrou o tampo do vaso sanitário levantado e um pouco respingado.

135 Um papagaio raro

O louro era surdo e, portanto, o cartaz não mentia, o animal era capaz de repetir tudo que ouvia, ou seja, nada.

 136 Uma leitura noturna

O marido é cego, está lendo em Braille e, portanto, quando sua mulher apaga a luz ele pode continuar lendo.

 137 As duas bolas

Ao lançar uma das duas contra a outra e chocá-las, elas sofrerão um certo recuo. A bola que recuar mais será a mais leve.

 138 Dois mineiros

O que tem o rosto sujo vê o companheiro totalmente limpo e não pensa que ele próprio possa estar sujo e, ao contrário, o que tem o rosto limpo vê o companheiro com o rosto totalmente manchado e decide limpar-se.

 139 No bar

O cliente que entrou no bar estava com soluço. Para tentar curar-se, pede um copo d'água, mas o garçom, que percebe o problema, assusta-o com a pistola. O soluço passa e o cliente agradece ao garçom.

 140 Um taxista com pouca paciência

O taxista ouviu o endereço sem problema algum.

 141 O adivinho

O adivinho diz a verdade. O resultado de uma partida de futebol exatamente cinco minutos antes de começar é 0 – 0.

 142 Um túnel estreito

Os dois trens passaram em horas diferentes de um mesmo dia; não foi dito que passaram ao mesmo tempo.

 143 Um guarda-chuva pequeno

Passearam num dia em que não chovia.

144 Dois gêmeos

O veneno estava nos cubos de gelo. O primeiro gêmeo não morreu, pois os cubos não chegaram a derreter. Os cubos de gelo do segundo gêmeo derreteram com o passar do tempo.

 145 Num tribunal

Trata-se de irmãs siamesas. Uma delas cometeu o crime na presença, claro, da outra, mas o juiz não pode prendê-las, já que condenaria uma mulher inocente.

 146 Romeu e Julieta

Romeu e Julieta são dois peixes que estavam nadando tranquilamente dentro de seu aquário. Quando a janela se abriu repentinamente, o aquário caiu no chão e os peixes morreram, restando, é claro, um pouco de água e cacos de vidro no chão.

 147 As batatas

Fazendo um purê e repartindo-o entre as cinco pessoas.

148 Mães generosas

Eram uma avó, uma mãe e uma neta. Assim, a avó dá para sua filha 15 reais e a mãe dá para a sua filha (neta da primeira) 10 reais. Portanto, entre as duas (mãe e filha) somam-se 15 reais.

 149 Cinco números

11 + 1 + 1 + 1 = 14. Foram pedidos 5 dígitos (não cinco números).

 150 Incêndio na ilha

Imaginemos o retângulo da ilha dividido em quatro partes. Acendemos um fogo no primeiro quarto dela. Quando o fogo iniciado no leste alcançar esse primeiro quarto, que nós incendiamos, ele já estará todo queimado, já que o vento que sopra do leste empurrará o fogo que iniciamos para a borda oeste da ilha e este se extinguirá ao atingir o final do terreno. Como não terá restado nada no primeiro quarto para ser devorado pelo fogo original, poderemos nos refugiar ali, já que o fogo que iniciamos estará, a essa altura, apagado.

Referências e páginas da web

Na lista de livros e páginas da web a seguir você encontrará material muito valioso para continuar aprendendo matemática. Anime-se a consultá-la.

(**Observação:** Visto que algumas das publicações seguintes superam o nível deste livro, marcamos com (*) os livros especialmente dirigidos a jovens entre 8 e 12 anos de idade.)

Referências

ALLEN, R.; FULTON, J. *Los mejores rompecabezas Mensa*. Madri: Martínez Rocca, 2004.

ALSINA i CATALÀ, C. *Estimar les matemàtiques*. Barcelona: Columna, 2000.

(*) BALBUENA, L. *Cuentos del cero*. Madri: Nivola, 2008.

(*) BRANCHO LÓPEZ, R. *El gancho matemático*. Granada: Port-Royal, 2000.

(*) CALABRIA GARCÍA, M. *Juegos matemáticos*. Madri: Akal, 1990.

(*) CAPÓ DOLZ, M. *101 juegos de lógica para novatos*. Madri: Nivola, 2007.

_____. *El país de las mates* – 100 problemas de ingenio. Madri: El Rompecabezas, 2005-2006.

(*) CARLAVILLA, J.L.; FERNÁNDEZ, G. *Historia de las matemáticas em cómic*. Granada: Proyecto Sur, 2004.

(*) CERASOLI, A. *La sorpresa de los números*. Madri: Maeva, 2006.

(*) _____. *Los diez magníficos*. Madri: Maeva, 2004.

CORBALÁN, F. *Juegos matemáticos para Secundária y Bachillerato*. Madri: Síntesis, 2002.

_____. *La matemática aplicada a la vida cotidiana*. Barcelona: Graó, 1997.

DE GUZMÁN, M. *Para pensar mejor*. Madri: Pirámide, 2004.

_____. *Cuentos com cuentas*. Madri: Nivola, 2003.

DEULOFEU, J. *Una recreación matemática*: historias, juegos y problemas. Barcelona: Planeta, 2001.

(*) DORCE, C. *Fermat y su teorema*. Madri: El Rompecabezas, 2007.

DOXIADIS, A. *El Tio Petros y la conjetura de Goldbach*. Barcelona: Ed. B, 2000.

(*) ENZENSBERGER, H.M. *El diablo de los números*. Madri: Siruela, 1997.

(*) FABRETTI, C. *Malditas matemáticas*. Barcelona: Alfaguara, 2000.

_____. *El libro del genio matemático*. Barcelona: Martínez Roca, 1999.

FERRERES, J. (org.). *Juegos de ingenio*. Barcelona: Orbis, 2000.

KASNER, E.; NEWMAN, J. *Matemáticas e imaginación (II)*. Barcelona: Salvat, 1994.

MALBA TAHAN. *El hombre que calculaba*. Barcelona: Veron, 2000.

MOLINA, M.I. *El señor del cero*. Madri: Alfaguara, 2002.

(*) MUÑOZ SANTOJA, J. *Ernesto el aprendiz de matemago*. Madri: Nivola, 2003.

(*) NAVARRO, À.; MORAL, T. *Ingenio^2*. Barcelona: El Aleph, 2003.

(*) NORMAN, L.C. *El país de las mates para novatos*. Madri: Nivola, 2000.

PERELMAN, Y. *Matemáticas recreativas*. Barcelona: Martínez Roca, 2002.

_____. Álgebra recreativa [Ed. digital a cargo de Patricio Barros].

_____. *Aritmética recreativa* [Ed. digital a cargo de Patricio Barros e Antonio Bravo].

_____. *Geometria recreativa* [Ed. digital a cargo de Patricio Barros e Antonio Bravo].

(*) POSKITT, K. *Esos círculos viciosos y otras formas salvajes*. Barcelona: Molino, 2004.

(*) _____. *Más mortíferas mates*. Barcelona: Molino, 2004.

(*) ROLDÁN, I. *Teatromático*. Madri: Nivola, 2002.

(*) SEGARRA, L. *Problemates*. Barcelona: Graó, 2000.

(*) SERRANO, E. ¡Ojalá no hubiera números! Madri: Nivola, 2002.

SIERRA i FABRA, J. *El asesinato del professor de matemáticas*. Madri: Anaya, 2002.

SINGH, S. *El enigma de Fermat*. Barcelona: Planeta, 2000.

SORET LOS SANTOS, I. *Matemágicas*. Madri: Esic, 2003.

(*) VALLEJO, A. *¿Odias las matemáticas?* Barcelona: Martínez Roca, 2000.

(*) VV.AA. *El rostro humano de las matemáticas*. Madri: Nivola, 2008.

Páginas da web

http://www.buscoacertijos.com/matematicas
Página com muitos problemas de raciocínio e enigmas matemáticos.

http://www.juntadeandalucia.es/averroes/iesarroyo/matematicas/taller/juegos/juegos.htm
Página em que podemos encontrar uma boa coleção de jogos relacionados com a matemática.

http://www.matematicas.net/
Página com muito material relacionado com a matemática: problemas, testes, manuais, notas, curiosidades...

http://www.xtec.es/recursos/mates/
Conjunto de recursos e material destinados ao ensino e aprendizagem da matemática (em catalão).

http://www.divulgamat.net/
Excelente página da Real Sociedad Matemática Española com uma quantidade quase infinita de material matemático de todo tipo (bases de dados, problemas de raciocínio, explanações...).

http://www.toomates.net/
Magnífica página em que qualquer professor pode participar compartilhando seu próprio material.

http://clic.xtec.net/
Página com um monte de atividades Clic (atividades para serem realizadas com o suporte do computador), cobrindo parte do currículo do primeiro e segundo graus.

http://www.i-matematicas.com/feria/palillos/
Problemas de raciocínio com palitos do tipo de alguns que aparecem neste livro.

http://members.tripod.com/jeff560/stamps.html
Boa coleção de selos postais com temas matemáticos editados no mundo inteiro.

http://www.amejor.com/
Recursos educativos para melhorar o aprendizado da matemática.

http://www.aulamatematica.com/
Página com grande quantidade de material matemático especialmente centrada na utilização da calculadora no aprendizado.

http://es.wikipedia.org/wiki/Pensamiento_lateral
Nessa página você poderá encontrar um pouco de informação acerca do pensamento lateral e links para outras páginas de temática similar.

Conecte-se conosco:

 facebook.com/editoravozes

 @editoravozes

 @editora_vozes

 youtube.com/editoravozes

 +55 24 2233-9033

www.vozes.com.br

Conheça nossas lojas:

www.livrariavozes.com.br

Belo Horizonte – Brasília – Campinas – Cuiabá – Curitiba
Fortaleza – Juiz de Fora – Petrópolis – Recife – São Paulo

EDITORA VOZES LTDA.
Rua Frei Luís, 100 – Centro – Cep 25689-900 – Petrópolis, RJ
Tel.: (24) 2233-9000 – E-mail: vendas@vozes.com.br